O
Tao
da
Aprendizagem

Obras publicadas na colecção "Nova Era"

O Tao da Mulher, *Pamela K. Metz e Jacqueline L. Tobin*
O Tao das Finanças, *Ivan Hoffman*
O Tao do Amor, Ivan Hoffman
O Tao do Poder, *R. L. Wing*
O Tao do Trabalho em Equipa, *Cresencio Torres*

Outras obras publicadas nesta editora

100 Conselhos Para Melhorar a Sua Vida Social, *David Coleman e Diane Coleman*
100 Conselhos Para Um Casamento Feliz e Duradouro, *Caryl Krueger*
Mais 100 Conselhos Para Um Casamento Feliz e Duradouro, *Caryl Krueger*
101 Maneiras de Dizer "Amo-te", *Vicki Lansky*
Como Ser Uma Mãe Especial, *Vicki Lansky*
Como Não Sabotar o Seu Próprio Sucesso, *Nancy Stern e Maggi Payment*
Como Preparar Um Casamento, *Christine Gillete-Browning*
Descubra as Suas Raízes, *Nuno Canas Mendes*
Guia do Homem Com Classe, *Hal Rubenstein e Jim Mulden*
O Livro dos Signos Para o Novo Milénio, *Teri King*
As Desculpas Que os Miúdos Inventam Para Tudo, *Mike Joyer e Zach Robert*
101 Actividades para Crianças em Espaços Pequenos, *Carol S. Kranowitz*

PAMELA K. METZ

O
Tao
da
Aprendizagem

LYON EDIÇÕES

Título original: The Tao of Learning

Tradução de Sandra César

© da tradução: Lyon Multimédia Edições, Lda., 1997

Capa de Estúdios P.E.A.

Ilustração-base da capa
© The Image Bank/Michel Techerevkoff

© 1994 by Humanics Limited
Atlanta, Georgia. USA.

Direitos reservados
por Lyon Multimédia Edições, Lda., 1996

Nenhuma parte desta publicação pode ser reproduzida ou transmitida por qualquer forma ou por qualquer processo, sem autorização prévia e escrita do editor.
Exceptua-se naturalmente a transcrição de pequenos textos ou passagens para apresentação ou crítica do livro. Esta excepção não deve de modo nenhum ser interpretada como sendo extensiva à transcrição de textos em recolhas antológicas ou similares donde resulte prejuízo para o interesse pela obra. Os transgressores são passíveis de procedimento judicial.

Execução técnica: Gráfica Europam,Lda., Mem Martins

Editores:
Francisco Pedro Lyon de Castro e Nuno Lyon de Castro

LYON MULTIMÉDIA EDIÇÕES, LDA.
Apartado 7
2726 Mem Martins Codex
Portugal

Depósito legal n.º 111176/97
Publicado em Junho de 1997

ISBN 0-89334-311-0

Índice

Introdução	9
Nota da autora	11
1 O significado do Tao	13
2 Ensinar sem palavras	15
3 O não-fazer	17
4 Os alicerces	19
5 A imparcialidade	21
6 A abertura	23
7 Libertar-se/estar presente	25
8 A autenticidade/fluir como água	27
9 Saber quando parar	29
10 Sem expectativas	31
11 O vazio	33
12 A visão interior e exterior	35
13 O sucesso	37
14 A descontração	39
15 Os professores da professora	41
16 Partilhar o poder/conferir poderes	43
17 A professora parteira	45
18 A ordem no caos	47
19 Estar no centro	49
20 Ensinar a sabedoria	51
21 Estar de acordo com o Tao	53
22 O paradoxo	55
23 Calar-se	57
24 Esforçar-se muito	59
25 Antes do princípio	61
26 Não sair do lugar	63
27 Ser flexível	65

28	O yin/yan da aprendizagem	67
29	Um tempo para tudo	69
30	O conflito no ambiente da aprendizagem	71
31	A disciplina	73
32	A harmonia	75
33	Conheça-se a si mesmo	77
34	A grandeza	79
35	A simplicidade	81
36	O forte e o fraco	83
37	O fazer menos	85
38	O ensino excepcional	87
39	O poder de uma professora	89
40	Fazer uma pausa	91
41	Bom, melhor, óptimo	93
42	Criar	95
43	A delicadeza	97
44	O contentamento	99
45	Ser insensato	101
46	O medo	103
47	Estar no presente	105
48	A não-interferência	107
49	A confiança	109
50	O princípio e o fim	111
51	Ligações	113
52	A fonte	115
53	Posses	117
54	Passar a mensagem: cada Um ensina o outro	119
55	Como um recém-nascido: a mente de um principiante	121
56	A integridade	123
57	Fazer menos é fazer mais	125
58	Revelar-se: ser um exemplo	127
59	A moderação	129
60	O processo natural	131
61	A humildade	133
62	Errar	135
63	Arriscar	137
64	Os ciclos da vida	139
65	O não-saber: teoria e prática	141
66	Ensinar do fundo da sala de aulas	143
67	Qualidades para uma aprendizagem: simplicidade, paciência e compaixão	145

68	A cooperação/colaboração	147
69	O respeito	149
70	A sabedoria comum	151
71	Não fingir (cura para todos os males)	153
72	A inspiração	155
73	Coragem para decidir	157
74	Avaliar (consequências naturais)	159
75	Confie no ambiente da aprendizagem	161
76	O frágil e o rígido	163
77	Nos bastidores	165
78	Ser delicado para superar	167
79	O fracasso como oportunidade	169
80	A liberdade (amor)	171
81	A veracidade (recompensas naturais)	173

Introdução

O Tao da Aprendizagem é o modo como as coisas acontecem no processo de aprendizagem. Aprender e ensinar implica uma série de coisas. Pode-se falar, escrever, observar e avaliar algumas destas «coisas». Outros aspectos dos processos de aprendizagem e de ensino só são compreendidos pela experiência directa que adquirimos enquanto alunos e/ou professores. *O Tao da Aprendizagem*, uma adaptação de várias traduções para a língua inglesa do Tao Te Ching, de Lao Tzu, dá uma visão não-tradicional das inúmeras formas de aprender e ensinar. Pretende-se inspirar e educar o leitor. Poderá ler o livro do princípio ao fim, bem como abri-lo ao acaso para ser aconselhado ou para reflectir sobre um problema ou uma questão.

Nota da autora

Na obra *O Tao da Aprendizagem* utilizou-se o substantivo «professora» para designar o professor e o substantivo «aluno» para designar o estudante. Cada uma destas personagens contém em si uma voz feminina e uma voz masculina; assim poderá ter este facto em mente quando ler cada capítulo.

1 O significado do Tao

O Tao é a maneira como as coisas acontecem. O Tao da aprendizagem é, por conseguinte, a maneira como as coisas acontecem no processo de aprendizagem. O método de ensino, sobre o qual se pode falar, não é o método do qual se tem conhecimento.

Tudo o que acontece no ambiente da aprendizagem não é definido; só o é aquilo que não acontece neste ambiente.

Saiba o que se está a passar no ambiente da aprendizagem sem o tentar. Mostre-se receptivo ao que se está a passar sem julgar. O Tao é a maneira como as coisas acontecem.

2 *Ensinar sem palavras*

Tudo na vida tem um oposto. Os opostos têm necessidade que o seu par exista: o bem e o mal, o cheio e o vazio, o rico e o pobre, o preto e o branco.

Por conseguinte, a professora sensata ensina sem palavras e faz sem fazer.

Apesar de estar no seu ambiente, este não lhe pertence. Assim que o trabalho estiver concluído, ela ir-se-á embora.

3 O não-fazer

A professora sensata não se exibe nem dá boas notas para se exibir, pois tal dará azo à competição e à inveja.

A professora sensata ensina com base no não-fazer e no desaprender. Ajuda os estudantes a libertarem-se de tudo o que pensavam saber e faz perguntas àqueles que pensam saber.

Como põe em prática o não-fazer, os estudantes vão descobrindo os seus dons.

4 *Os alicerces*

O Tao não é algo que se possa tocar; é como um alicerce.

Um alicerce é utilizado para suportar uma estrutura; no entanto não é visível. O Tao é o chão que suporta os alicerces da aprendizagem. É o chão que suporta o chão. Devido à sua profundidade e largura, o Tao torna a aprendizagem e o ensino infinitamente possíveis; é inesgotável.

5 *A imparcialidade*

O Tao não toma partidos; conhece tanto o bem como o mal. A professora sensata não toma partidos; tem em consideração os bons e os maus alunos.

O Tao é como o vento; vazio, mas detentor de um grande poder. Por mais que o tente agarrar nunca o conseguirá.

Quando estiver a aprender, aproxime-se do centro.

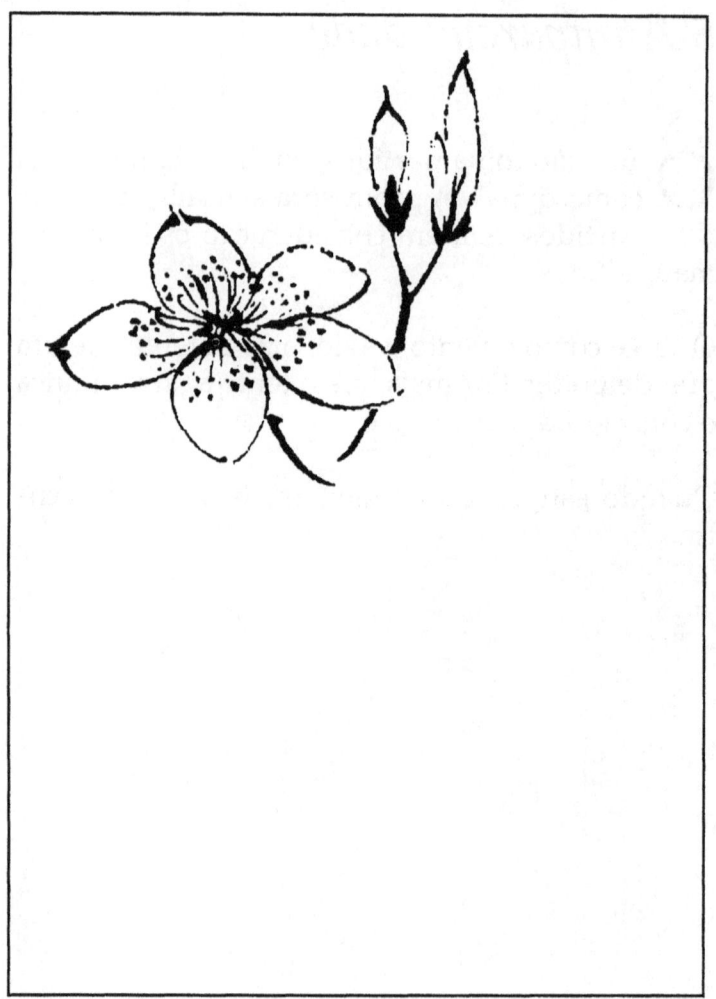

6 *A abertura*

O Tao da aprendizagem dá origem a 10 000 coisas; é vazio e, contudo, cheio de vida. O Tao está sempre presente, logo, poderá usá-lo como e quando quiser.

Este só não o estará quando você se aproximar das possibilidades infinitas.

7 Libertar-se/estar presente

Os alunos contarão sempre com a presença da professora; contudo, estes não lhe pertencem. Os alunos não são «seus».

É-lhes útil ao libertar-se de si mesma. Ao fazê-lo, está presente e realizada.

8 ...Autenticidade/fluir como água

O aluno tem de ser ele próprio, uma vez que no ambiente da aprendizagem não pode haver desilusões.

Os obstáculos proporcionam um espaço de descoberta, de energia — tal como água destinada a fluir apenas neste local.

Deixe o fluir natural da vida ser uma presença constante na aprendizagem; permita que o inesperado e o desconhecido apareçam sem avisar. Quando tal acontecer, professora e aluno poderão, juntos, viver todas estas novas situações.

9 *Saber quando parar*

Se falar muito, os alunos deixarão de a ouvir. Se ficar sentada durante muito tempo, os alunos aborrecer-se-ão. Se se esforçar muito perder-se-á do seu caminho.

Tanto a professora como os alunos precisam de fazer uma pausa na aprendizagem e de se separarem. A distância dá uma perspectiva de regresso ao trabalho e à companhia uns dos outros.

A professora sensata sabe quando parar.

10 *Sem expectativas*

Quando está a ensinar, lembra-se por que razão começou? Sabe ser flexível quando enfrenta dificuldades? A sua imaginação permite-lhe ver nitidamente mesmo na escuridão do desconhecido? Consegue ver o caminho, ou espera que os outros descubram os deles?

Aprenda a ensinar de uma forma educativa. Aprenda a ensinar sem ser possessivo. Aprenda a ajudar sem expectativas.

Ensinar sem tentar controlar — eis um grande desafio.

11 O vazio

A roda é constituída por um conjunto de raios; no entanto, é o orifício que se encontra no centro que faz com que a carroça se mova.

O barro é moldado até atingir a forma de um pote, mas é o seu interior que o torna útil.

Vários materiais são utilizados na construção de uma escola; contudo, é o espaço interior das salas de aulas que possibilita aos alunos estudarem juntos.

Os alunos trabalham com formas e estruturas, mas o vazio e o silêncio são também utilizados na aprendizagem.

12 *A visão interior e exterior*

Ver o que não pode ser tocado. Prever o que ainda não foi concretizado. Proporcionar uma visão aos alunos para que estes a utilizem no percurso para a aprendizagem.

A professora sensata proporcionará uma supervisão para evidenciar alguns caminhos possíveis. A tensão da aprendizagem interior e exterior é essencial ao crescimento.

A professora confia na sua visão interior. Permite que as ideias cheguem e partam. O coração dela é tão aberto como o céu.

13 O sucesso

No ambiente da aprendizagem o aluno deve ter cuidado com o sucesso. Quando os outros dizem que a sua aprendizagem é um sucesso, você pode deixar de arriscar um desenvolvimento contínuo.

É importante que se mantenha afastada da boa reputação que goza. A esperança e o medo desiquilibram-no. Preocupe-se com os outros da mesma maneira que se preocupa consigo. Tenha fé no processo de crescimento. Só assim conseguirá aprender e manter um equilíbrio.

14 *A descontração*

Por mais que tente ver, não pode ser visto. Por mais que tente ouvir, não pode ser ouvido. Por mais que tente agarrar, não pode ser alcançado. Quando, na aprendizagem, há algo que não é evidente, não se esforce muito por compreendê-lo.

Em vez disso, descontraia-se e deixe que a imaginação veja o que se está a passar. Faça da percepção e da intuição os seus guias.

Quando se aperceber da origem de todas as coisas, conhecerá a essência da sabedoria.

15 *Os professores da professora*

Os professores da professora dão o exemplo; contudo, só ela poderá criar o seu próprio caminho. A professora ouve todos os alunos; não os apressa a tirar as conclusões por ela tiradas.

O medo não deveria dominar o ambiente da aprendizagem. A aprendizagem feita com base no medo não dura muito tempo. As crianças aprendem brincando. Os adultos brincam para aprender. A brincadeira pode estar presente mesmo na aprendizagem mais séria.

16 *Partilhar o poder/ conferir poderes*

Na aprendizagem, tal como na vida, o poder tem de ser partilhado. No processo de aprendizagem, alunos e professores conferem poderes uns aos outros.

Há muitas vantagens quando os alunos trabalham em grupo. Cada um torna-se mestre e aprendiz, o que traduz a função desempenhada pela professora e pelo aluno.

Assim que o trabalho da professora estiver completo, ela estará pronta a parar.

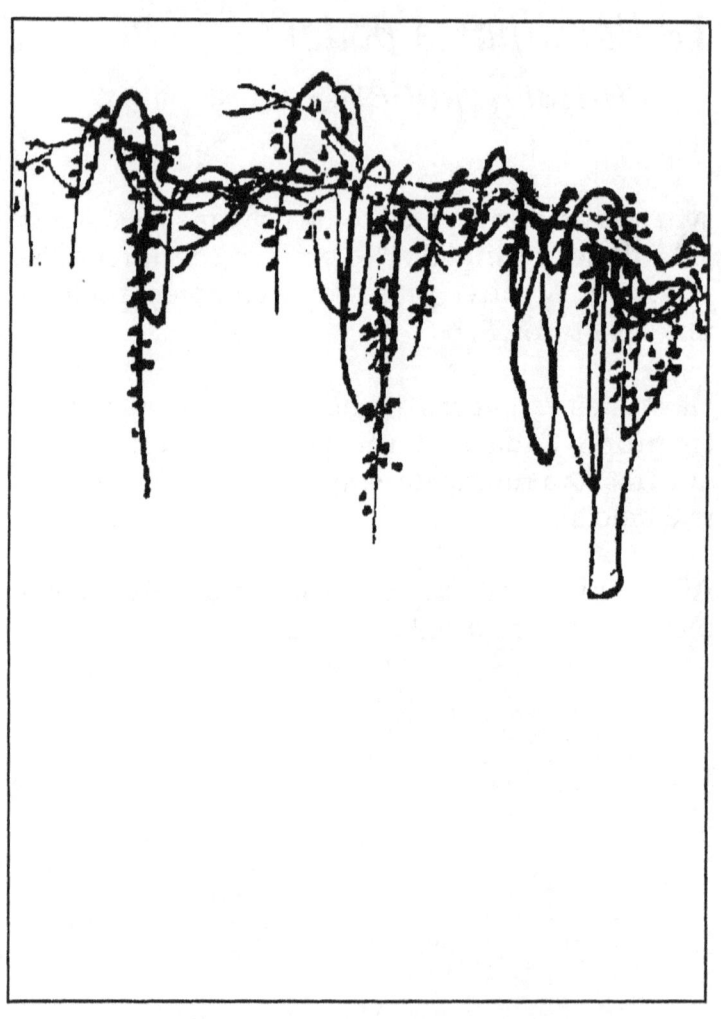

17 *A professora parteira*

Quando uma professora sensata ensina, dificilmente os alunos se apercebem da sua existência. Depois da professora sensata vem a que é amada, seguida da que é temida. A pior é a professora que é odiada.

Se a professora não confiar nos alunos, os alunos não confiarão nela. A professora que auxilia no nascimento da aprendizagem ajuda os alunos a descobrirem por eles próprios o que sempre souberam.

Quando o trabalho da professora estiver concluído, os alunos dirão: «Incrível! Fomos nós que fizemos!»

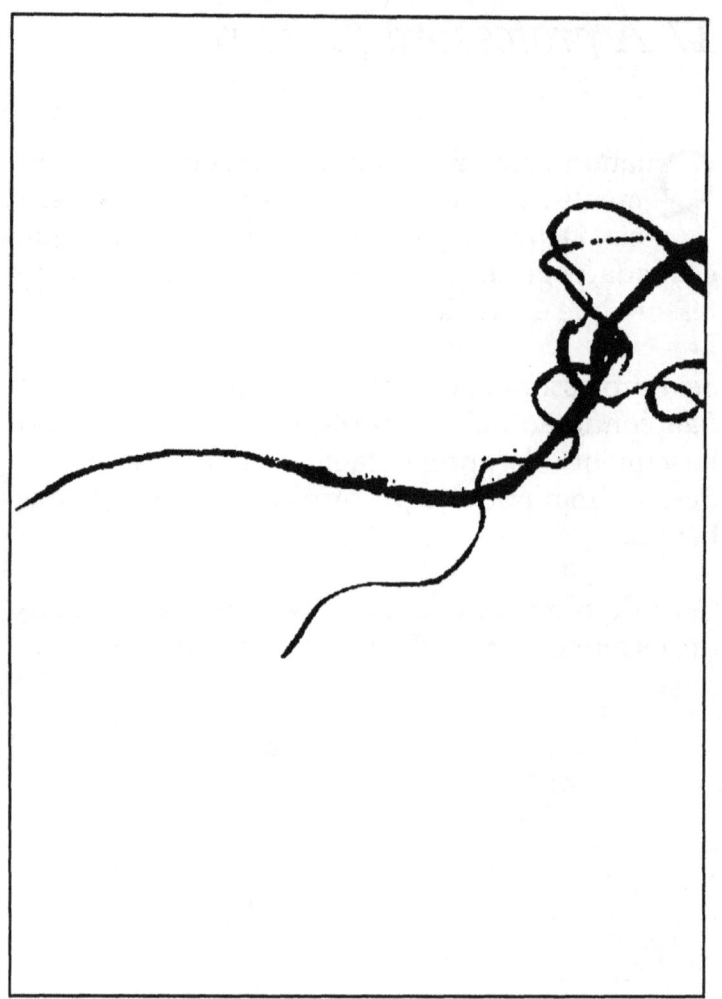

18 *A ordem no caos*

Quando o Tao da aprendizagem é esquecido, a obediência e a submissão emergem.

Sempre que a inteligência dos alunos diminui, a esperteza e a decepção aumentam. Quando não há paz no ambiente da aprendizagem, o desrespeito pela professora cresce.

O ambiente da aprendizagem, quando caótico, contribui para o aparecimento da ordem.

19 *Estar no centro*

Elimine a superioridade e a arrogância e os alunos ficarão contentes. Ponha de parte o juízo e as regras e os alunos farão o que devem fazer. Ponha de parte a actividade improdutiva e as notas e não haverá batota.

Se tal não for suficiente, fique no centro do ambiente e deixe a aprendizagem seguir o seu curso.

20 *Ensinar a sabedoria*

Ensinar não requer nada de especial, mas quando se explica o seu significado cria-se algo de extraordinário; ou seja, só depois de uma explicação é que o aluno percebe como é extraordinário ensinar.

Todos os dias a professora repete as acções que conduzem à compreensão: cortar madeira e levar água. A professora dá exemplos de tarefas simples que conduzirão a verdades simples.

Sem rotina não há aprendizagem. Sem surpresa não há sabedoria.

21 *Estar de acordo com o Tao*

Tudo o que lhe trouxer felicidade será também fonte de infelicidade. Disponha-se a experimentar o Tao da aprendizagem.

Uma professora não pode viajar com os alunos; limita-se a mostrar-lhes os caminhos. Depois de partirem, os alunos poderão regressar com novidades acerca das viagens.

22 O paradoxo

O papel da professora é diferente do papel dos alunos. A tensão que existe entre a professora e os alunos origina o *yin* e o *yang* da aprendizagem.

Se uma professora deseja ser o todo, deve dividir-se em partes. Se deseja ser honesta, terá de ser desonesta. Se deseja ser cheia, terá de ser vazia. Se deseja renascer, terá de morrer. Se deseja receber, deve desistir de tudo. A professora sensata, através do Tao da aprendizagem, torna-se na professora-modelo para os alunos.

Uma vez que não se exibe, os alunos gostam de a ter como exemplo. Uma vez que não tem nada a provar, os alunos podem confiar nas suas mensagens. Uma vez que não tem ambições, os alunos vêem-se nela. Uma vez que tudo é possível, é uma professora bem sucedida.

Quando os antigos professores diziam «se quiser receber tudo, desista de tudo», estavam a dizer a verdade.

Sempre que uma professora está de acordo com o Tao, consegue ser ela mesma.

23 *Calar-se*

Diga o que tem a dizer, depois cale-se. Seja como o mundo natural: quando há uma aragem, é o vento; quando está a chover, é só a chuva; depois das nuvens se irem embora, surge o sol a brilhar.

Se estiver receptiva ao Tao da aprendizagem, estará em harmonia e em equilíbrio; aceitá-lo-á totalmente. Se estiver receptiva à reflexão, será clara e ponderada; terá uma visão abrangente. Se estiver receptiva à perda e à dor, estará de acordo com a perda e com a dor; estará a aceitar as mudanças.

Cale-se e esteja receptiva ao Tao da aprendizagem. Confie nos processos naturais e o *puzzle* ficará completo.

24 *Esforçar-se muito*

Se você se puser em bicos-de-pé perderá o equilíbrio. Se for muito depressa, não irá longe.
Se tentar exibir-se, ofuscará o seu próprio brilho.

O aluno que se define não sabe, realmente, quem é. A professora que tiver poder sobre outras pessoas não pode conferir poderes a si mesma. A professora que não consegue libertar-se nunca criará nada que sobreviva.

Se quiser conhecer o Tao da aprendizagem, limite-se a cumprir as suas funções, depois liberte-se.

25 *Antes do princípio*

Aqueles que aprendem connosco fazem parte do todo. Aqueles que aprenderam antes do princípio também fazem parte dele. Aqueles que aprenderão depois de nós completarão o ciclo.

Só as aulas individuais têm um príncipio e um fim. A verdadeira aprendizagem e o verdadeiro ensino vieram antes do princípio e continuarão depois do fim.

26 *Não sair do lugar*

A professora que conhece as suas origens lida com alunos difíceis sem perder o equilíbrio.

Não sair do lugar significa que a professora viaja todos os dias sem deixar o ambiente da aprendizagem. Apesar das tentações permanece calma quando enfrenta situações conflituosas.

Por que razão deverá a professora ser persuadida por este ou aquele argumento? Se se deixar levar, perderá o contacto com as origens. Se se tornar instável, perderá o contacto com ela mesma.

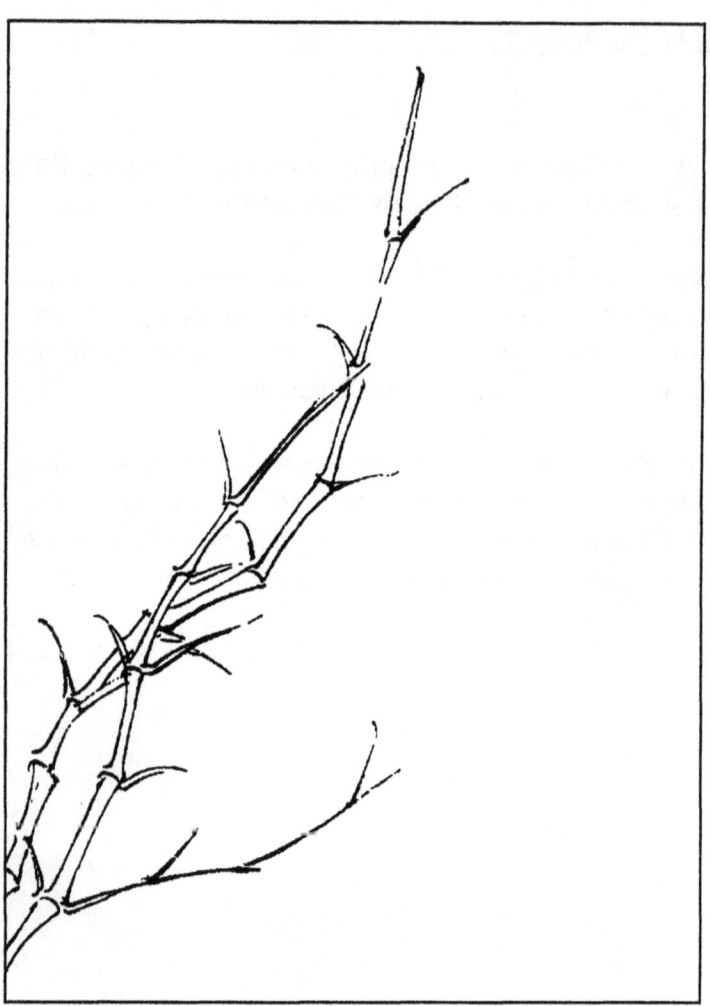

27 *Ser flexível*

Uma boa professora prepara as aulas de um modo flexível, não visando exclusivamente a matéria. Uma boa professora segue a intuição e deixa que esta a guie na aula. Uma boa professora não tem preconceitos e fica receptiva a tudo o que se passa. Uma professora excepcional é aquela que é acessível a todos os alunos e que não rejeita nenhum. Sabe tirar partido das oportunidades, nunca as desperdiça. A isto chama-se ser flexível.

Não será um bom aluno um professor do mau aluno? Não será um mau aluno um desafio ao bom professor?

Se tal não fizer sentido, perder-se-á do seu caminho, independentemente dos cursos que tiver.

Este é o grande mistério.

28 O *yin/yang da aprendizagem*

Tenha em consideração o macho; no entanto, olhe pela fêmea. Segure o mundo nos seus braços. Se abraçar o mundo, estará com o Tao e será como uma criança inocente.

Tenha em consideração a luz; no entanto, mantenha-se na escuridão. Seja um exemplo à aprendizagem. Se for um exemplo no ambiente da aprendizagem, personificará o Tao e terá muita liberdade.

Tenha em consideração o pessoal; no entanto, prefira o impessoal. Aceite estes opostos onde quer que estejam. Se o fizer, personificará o Tao e regressará ao seu Eu original.

O ambiente da aprendizagem é criado do vazio, tal como uma escultura é criada de um pedaço de madeira. O aluno sensato tem em consideração a escultura; contudo, valoriza a madeira. Desta forma, poderá utilizar todas as coisas.

29 *Um tempo para tudo*

Quer salvar o mundo? Penso que não é capaz. O mundo é sagrado; não pode ser salvo. Se tentar consertá-lo, arruiná-lo-á. Se o tratar como uma coisa, perdê-lo-á.

Há um tempo para se ir para a frente e um tempo para se ficar para trás; um tempo para o movimento e um tempo para o descanso; um tempo para ser enérgico e um tempo para estar cansado; um tempo para ter cuidado e um tempo para esquecer a precaução.

O aluno sensato vê as coisas no seu estado natural sem tentar controlá-las. Deixa-as seguir o caminho que devem seguir enquanto permanece no centro do ciclo.

30 O conflito no ambiente da aprendizagem

Quem seguir o Tao da aprendizagem não tentará forçar uma decisão ou derrotar os alunos através do castigo. A cada acção uma reacção. O castigo, mesmo quando bem intencionado, produz um efeito negativo.

A professora sensata faz o trabalho dela e depois pára. Compreende que grande parte do mundo está fora de controlo e que tentar controlar tudo vai contra o Tao da aprendizagem.

Uma vez que acredita no seu trabalho, não tenta convencer os outros. Uma vez que está satisfeita consigo mesma, não procura o consentimento dos outros. Uma vez que se aceita, é aceite pelos outros.

31 *A disciplina*

O castigo é uma ferramenta da disciplina; as professoras sensatas evitam-na. O castigo é uma ferramenta do medo; as professoras sensatas utilizam-na esporadicamente e, se necessário, com muita restrição.

A paz tem um valor bastante elevado. Se a paz foi quebrada, como poderá a professora estar contente?

Os alunos não são inimigos da professora, mas seres humanos como ela. A professora não lhes quer mal, nem gosta de os castigar. Como poderia apreciar os insucessos dos alunos e ficar satisfeita com esta perda de controlo?

A professora sensata cria um ambiente de aprendizagem com muita compaixão; um lugar cujo objectivo é a autodisciplina.

32 *A harmonia*

O Tao da aprendizagem não pode ser visto. É mais pequeno do que um átomo, mas contém inúmeras palavras. Se as professoras poderosas estivessem centradas no Tao, as salas de aulas estariam em harmonia. As escolas estariam centradas, as pessoas estariam em paz e as regras seriam seguidas.

Quando utilizar livros e testes, saiba que são temporários. Quando tiver instituições, saiba quando as funções delas devem terminar. Se souber quando parar, evitará o perigo.

Tudo começa e acaba no Tao, tal como os ribeiros e os rios que vão desaguar no mar.

33 Conheça-se a si mesmo

Se conhecer os outros, é inteligente; se se conhecer a si mesmo, é sábio. Partilhar o poder é sinónimo de força; ter poder sobre si mesmo é sinónimo de sabedoria.

Se souber quanto é suficiente, será realmente rico. Se permanecer no centro e envolver a vida e a morte com todo o seu ser, viverá para sempre.

34 *A grandeza*

O Tao da aprendizagem está em todo o lado. No ambiente da aprendizagem, todas as coisas provêm dele, apesar de nunca as ter criado. Dedica-se ao seu trabalho, mas não se elogia. Educa os alunos; contudo não se prende a eles.

Dado que o Tao da aprendizagem faz parte de tudo, pode ser humilde. Dado que tudo se funde nele e que tudo suporta, pode ser considerado grande.

O Tao não tem consciência deste facto; por isso, é realmente grande.

35 *A simplicidade*

O aluno que se centrar no Tao da aprendizagem vai para onde deseja ir sem dificuldade. Consegue ter uma visão abrangente, mesmo em situações caóticas, porque tem um coração sereno.

As canções e o cheiro da boa comida fazem com que as pessoas parem e apreciem.

As palavras que descrevem o Tao da aprendizagem são claras e simples. Por mais que procure o Tao, não o pode ver. Por mais que queira ouvir o Tao, não o pode ouvir. Por mais que utilize o Tao no processo de aprendizagem, não o pode esgotar.

36 O forte e o fraco

Se quiser diminuir algo, terá, antes de mais, de o deixar crescer. Se quiser eliminar algo, terá, antes de mais, de o deixar viver. Se quiser possuir algo, terá, antes de mais, de o dar. A isto chama-se ter consciência do modo como as coisas são.

O fraco supera o forte. O lento alcança o rápido.

Faça com que a sua aprendizagem permaneça um mistério. Deixe os resultados falarem por eles mesmos.

37 O fazer menos

O Tao não faz nada; porém, é através dele que todas as coisas são feitas. Se as professoras excepcionais se centrassem no Tao transformariam os seus ambientes em modelos naturais.

Os alunos ficariam satisfeitos com a simplicidade do seu dia-a-dia, em harmonia e sem desejos. Quando não há desejo, o ambiente da aprendizagem é calmo.

38 O ensino excepcional

A professora excepcional não tenta ser poderosa; por isso é, na verdade, poderosa. A professora comum tenta sempre alcançar o poder e nunca chega a ter o suficiente.

A professora sensata não faz nada; contudo, não deixa nada por fazer. A professora comum está sempre ocupada; no entanto, deixa muito por fazer. A professora bondosa faz alguma coisa e deixa alguma coisa por fazer. A professora justa faz alguma coisa e deixa muitas coisas por fazer. A professora moralista faz alguma coisa e quando os alunos não respondem utiliza a força.

Quando se perde o Tao, há a bondade. Quando se perde a bondade, há a virtude. Quando se perde a virtude, há a rotina. A rotina é um dos lados inúteis da confiança; a rotina pode ser o início da desordem.

Assim, a professora extraordinária preocupa-se com o todo e não com a aparência, com o fruto e não com a flor. Tem os pés bem assentes na terra e liberta-se de ilusões.

39 O poder de uma professora

Quando uma professora está em harmonia com o Tao, o ambiente da aprendizagem é claro e espaçoso e os alunos estão atentos e receptivos. Crescem juntos e ficam contentes com os seus progressos. Têm bom aproveitamento e renovam-se.

Quando uma professora interfere no Tao, o ambiente da aprendizagem fica repleto e os alunos tornam-se hostis; quebra-se o equilíbrio e perdem-se possibilidades.

A professora sensata considera todas as partes com compaixão e esperança porque compreende o todo. Pratica, consequentemente, a humildade. Não brilha como um diamante, mas torna-se macia e sólida como uma pedra.

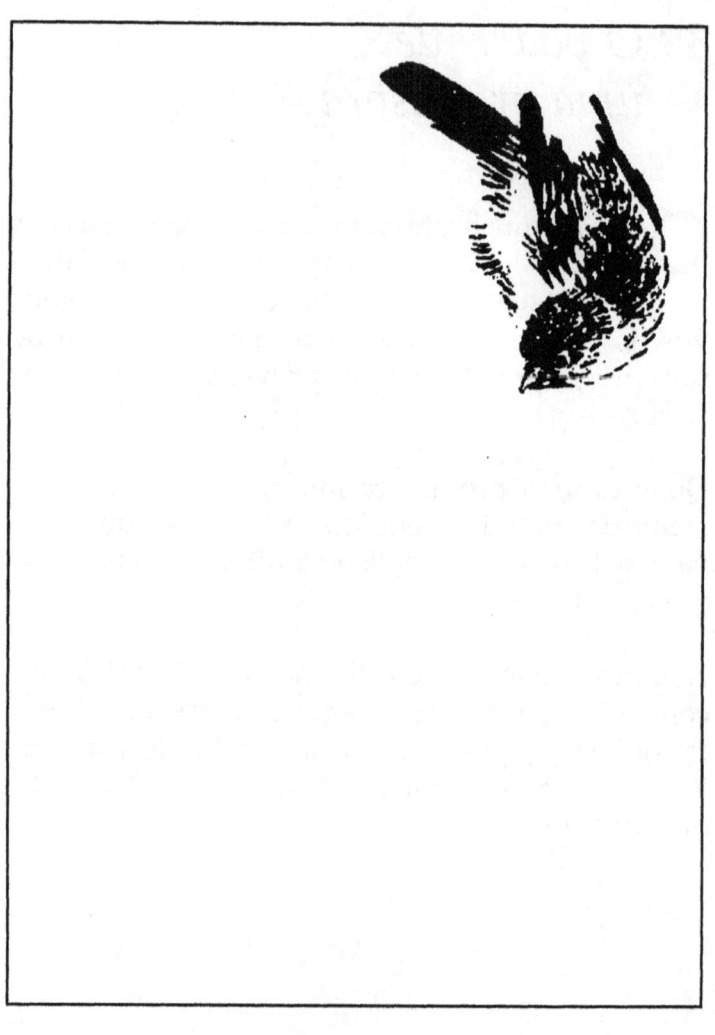

40 *Fazer uma pausa*

Regressar ao centro é o Tao da aprendizagem. Fazer uma pausa é o Tao da aprendizagem.

Tudo vem da existência. A existência vem da não-existência.

No processo de aprendizagem, lembre-se de fazer uma pausa para regressar ao centro. Ao fazê-lo estará a regressar ao Tao da aprendizagem.

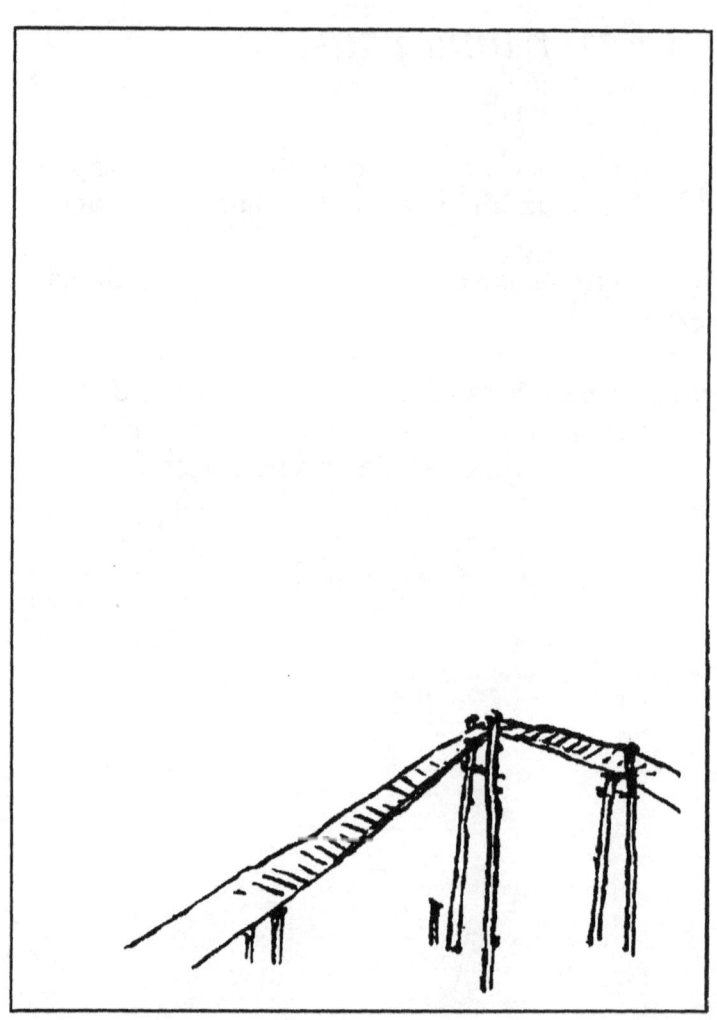

41 Bom, melhor, óptimo

Quando uma professora sensata ouve falar do Tao, começa, rapidamente, a personalizá-lo.
Quando uma boa professora ouve falar do Tao, não acredita totalmente nele. Quando uma professora insensata ouve falar do Tao, ridiculariza-o. Se não se risse dele, não seria o Tao da aprendizagem.

Reza a história: o caminho para a luz parece escuro; o caminho em frente parece ter ficado para trás; o caminho mais curto parece maior; a força parece ter enfraquecido; a igualdade parece injusta; a verdadeira dedicação parece duvidosa; a verdadeira visão parece deturpada; o melhor trabalho parece inadequado; o grande amor parece insensível; a grande sabedoria parece insensata.

O Tao da aprendizagem não pode ser encontrado; contudo, educa e completa todas as coisas.

42 *Criar*

O Tao da aprendizagem dá vida ao Um. O Um cria o Dois. O Dois origina o Três. O Três cria tudo.

Tudo tem possibilidades criativas. Quando os opostos combinam há harmonia.

O comum dos alunos não gosta da solidão. O aluno sensato faz bom uso dela; aceita a solidão e sabe qual é o seu lugar no universo.

43 *A delicadeza*

As coisas delicadas que existem no ambiente da aprendizagem ultrapassam as coisas rudes.

Tudo aquilo que tiver substância conseguirá entrar onde não há espaço. Este facto demonstra o valor da não-acção.

Aprender sem palavras, fazer sem acções — eis o Tao da aprendizagem.

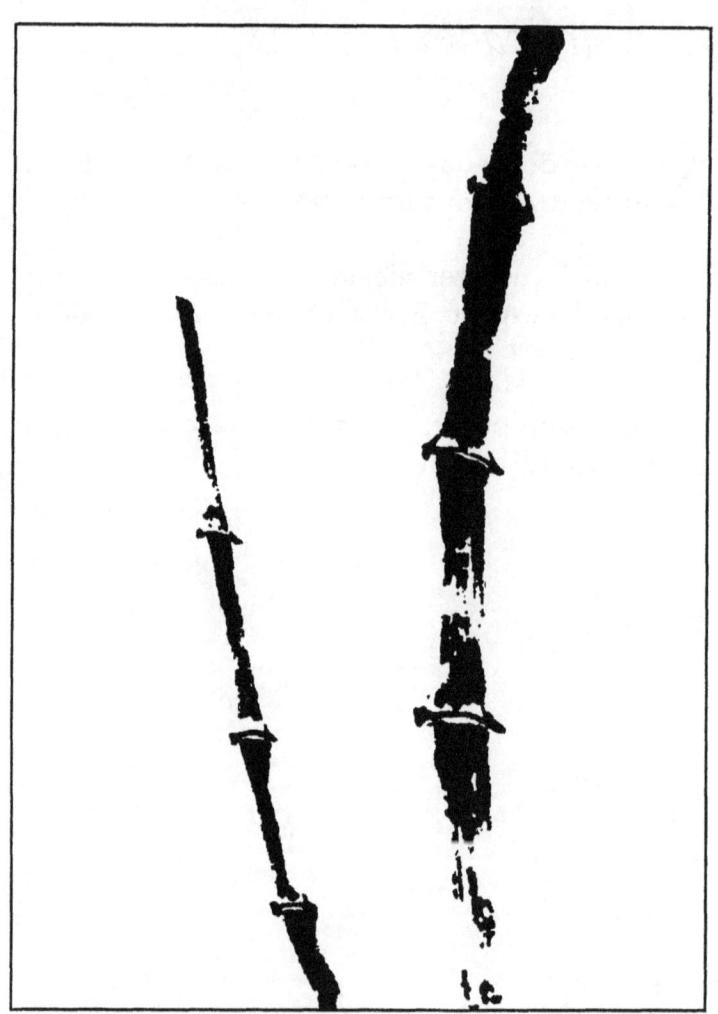

44 O contentamento

Reputação ou paz interior: qual a mais importante? Riqueza ou contentamento: qual o mais valioso? Perder ou ganhar: qual o mais prejudicial?

Se um aluno depender dos outros para estar contente, então nunca o estará. Se a felicidade dele depender do dinheiro, então nunca estará feliz consigo mesmo.

Esteja contente com o mundo; festeje o modo como as coisas são. Quando se aperceber que não falta nada, poderá ser o dono do mundo.

45 *Ser insensato*

A verdadeira aprendizagem pode ser imperfeita; no entanto, já é, por si mesma, perfeita.
O verdadeiro todo parece vazio; no entanto, está totalmente concluído.

O verdadeiro caminho da vida pode ser sinuoso. A verdadeira sabedoria parece insensata. A verdadeira arte parece não ter arte.

A professora sensata permite que as coisas se revelem. Educa-as à medida que acontecem. Afasta-se e deixa o Tao falar por si mesmo.

46 O medo

Quando o ambiente da aprendizagem está em harmonia com o Tao, os alunos distinguem-se. Quando o ambiente da aprendizagem não está em harmonia com o Tao, os alunos são improdutivos e discutem uns com os outros.

O medo é uma grande ilusão. Dá azo a que professora e aluno se defendam, criando vencedores e vencidos. Se uma professora afastar o medo, o ambiente da aprendizagem será um lugar seguro para todos.

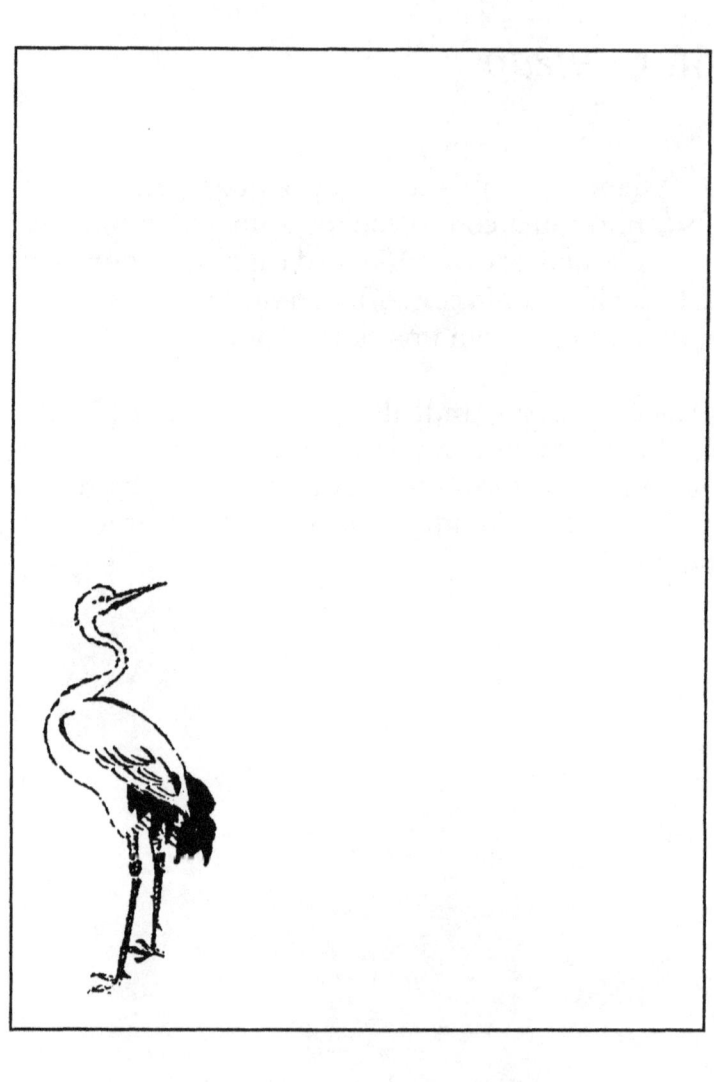

47 *Estar no presente*

Se a professora não abrir a porta da sala de aulas, abrirá os corações ao mundo. Se os alunos não abrirem as janelas, conhecerão o espírito do Tao. Quanto mais você estuda, menos percebe.

A professora excepcional aparece sem sair, vê a luz sem olhar, concretiza sem nada fazer.

48 *A não-interferência*

Na educação, todos os dias se acrescenta qualquer coisa. No Tao da aprendizagem todos os dias se desaprende qualquer coisa.

A professora precisa, todos os dias, de impor, cada vez menos, a aprendizagem, até chegar, finalmente, à não-interferência. Quando nada é feito, nada fica por fazer. A verdadeira aprendizagem só pode ser conhecida através da libertação ou da desaprendizagem. Nunca será alcançada pela interferência.

49 *A confiança*

A professora excepcional não impõe a sua vontade. Trabalha com a mente dos alunos. É boa para os alunos que são bons; mas também é boa para os alunos que não o são. Esta é a verdadeira bondade.

Confia nos alunos que são de confiança; mas também confia nos alunos que não o são. Esta é a verdadeira confiança.

O estilo da professora excepcional é como o céu aberto. Os alunos não a compreendem. Respeitam-na e mantêm-se receptivos. A professora confia nos alunos como se estes fizessem parte dela.

50 *O princípio e o fim*

O aluno sensato entrega-se totalmente aos desafios do processo de aprendizagem. Sabe que tudo tem um fim e que não pode prender-se a nada: não tem desilusões na mente nem resistência no corpo. Não planeia as acções; estas provêm do centro da sua existência. Nada retém da aprendizagem; por isso, está preparado para tudo, tal como uma pessoa está pronta a descansar após um longo dia de trabalho.

51 *Ligações*

Todos os alunos são uma expressão do Tao. O Tao materializa-se despercebido, completo, livre; assume formas físicas e deixa a vida aperfeiçoá-lo. É por isso que qualquer pessoa pode estar em harmonia com o Tao.

O Tao é a fonte de todas as coisas; educa-as, preocupa-se com elas, protege-as e leva-as consigo.

O Tao da aprendizagem cria sem possuir, age sem expectativas, guia sem comandar. É por isso que é o elo de ligação com a aprendizagem.

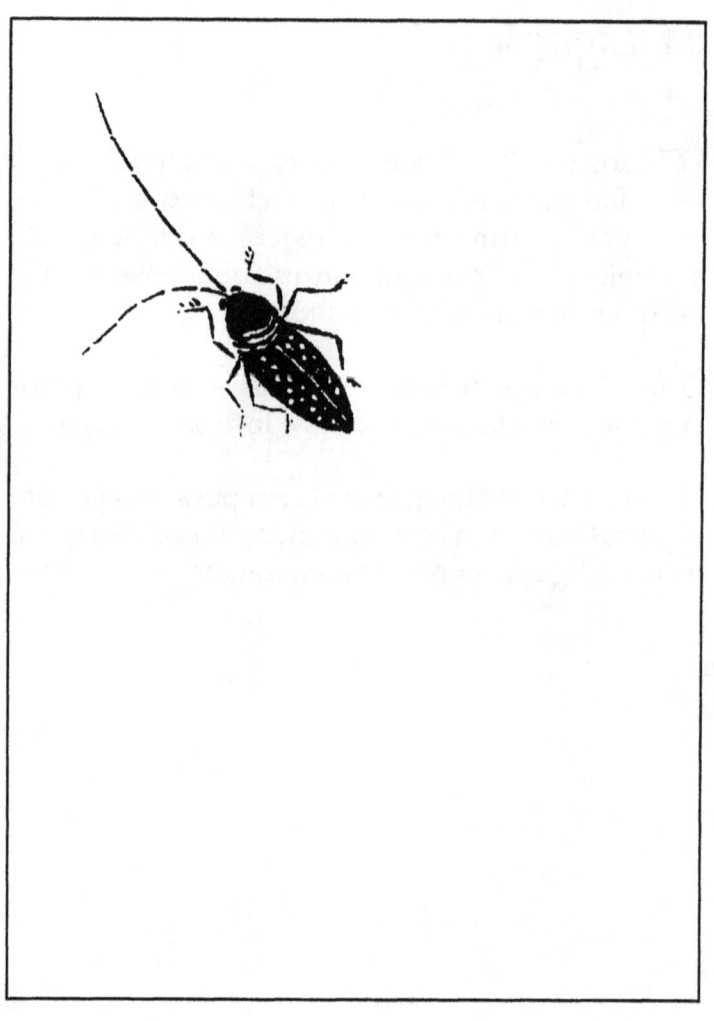

52 *A fonte*

No princípio era a fonte. Tudo provinha dela; tudo a ela regressava.

Para encontrar o Tao, siga o caminho. Quando identificar as características e encontrar as suas raízes, compreenderá.

Se não se mostrar receptiva e criticar constantemente os seus professores, o seu coração ficará triste. Se não criticar e se não for enganada pelas aparências, encontrará a paz.

Ser capaz de ver quando está escuro é percepção. Ser capaz de ceder é força. Saiba qual é a sua luz e regresse à fonte. Isto é regressar a casa.

53 *Posses*

O caminho para a bondade é acessível, mas alguns alunos enveredam por caminhos secundários. Tenha cuidado quando as coisas estiverem desiquilibradas. Permaneça no centro do Tao.

Quando os banqueiros ricos prosperam enquanto os agricultores perdem terras, quando o governo gasta dinheiro em armamento em vez de o investir em livros, quando os ricos são extravagantes e insensíveis e os pobres não têm recursos, é um crime e uma desorganização. Isto não é seguir o Tao.

54 *Passar a mensagem: cada um ensina o outro*

A professora que estiver de acordo com o Tao não será despedida. A professora que aceitar o Tao da aprendizagem não se irá embora sem dizer adeus. O nome dela será respeitado ano após ano.

Deixe o Tao estar presente na sua aprendizagem e tornar-se-á verdadeiro. Deixe-o estar presente na sala de aulas e os alunos terão um bom aproveitamento. Deixe-o estar presente na escola e esta tornar-se-á num exemplo para as outras escolas. Deixe-o estar presente na sua terra e haverá harmonia.

Como será isto possível? Olhe para dentro de si. Cada um ensina o outro, depois vá passando.

55 Como um recém-nascido: A mente do principiante

O aluno que estiver em harmonia com o Tao é como um recém-nascido: ossos flexíveis, músculos tenros, mas com muita força nas mãos. Desconhece a forma como os bebés são feitos; contudo, a sua existência é a evidência do processo. Pode chorar durante a noite sem perder a voz.

A força do aluno é como a de um bebé. Deixa tudo ir e vir sem esforço, sem desejo. Não tem expectativas, por isso não fica decepcionado. Uma vez que nunca fica decepcionado, o espírito permanece jovem e cheio de esperança.

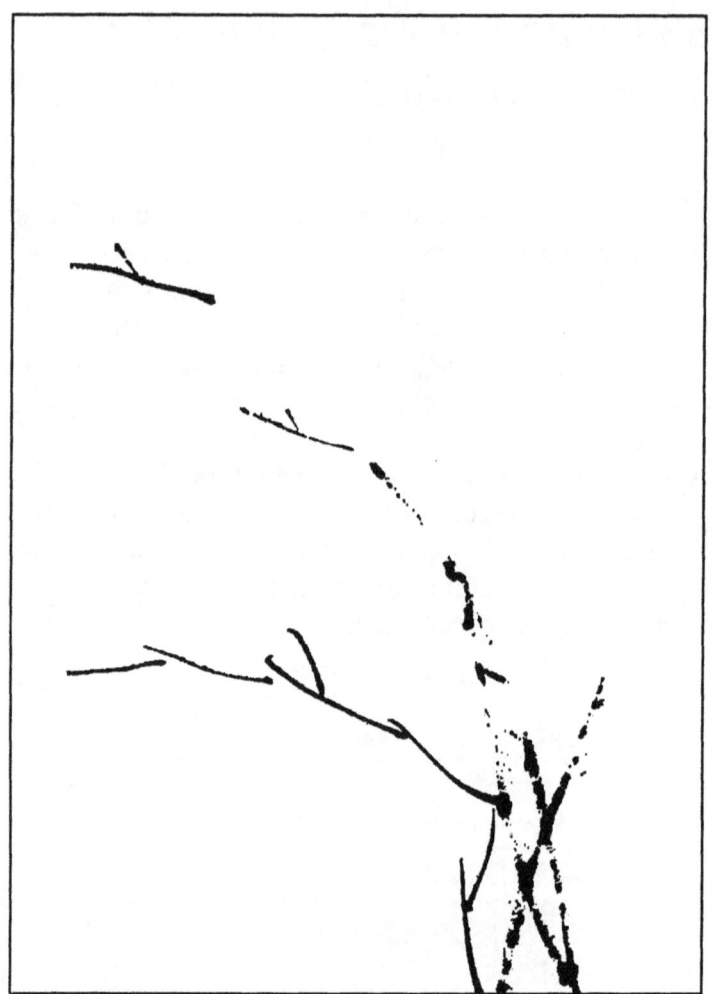

56 *A integridade*

Aqueles que sabem não falam. Aqueles que falam não sabem. Cale a boca, oculte os sentidos, suavize a dor aguda, liberte-se dos seus compromissos, deturpe a visão, liquide as contas. Esta é a integridade fundamental.

Seja como o Tao. Não pode ser tomado ou dado, promovido ou corrompido, honrado ou desonrado. Entrega-se repetidamente. É por isso que sobrevive.

57 *Fazer menos é fazer mais*

Se quiser ser uma professora excepcional, aprenda a seguir o Tao. Páre de tentar controlar; liberte-se de ideias e planos pré-concebidos. O ambiente da aprendizagem saberá orientar-se sozinho.

Quanto mais restringir, menos obedientes serão os alunos. Quanto mais castigar, menos seguros serão os alunos. Quanto mais ajudar, menos autoconfiantes serão os alunos.

Assim, a professora sensata dirá: «Pus as regras de parte e os alunos tornaram-se honestos; pus as restrições de parte e os alunos ultrapassaram as minhas normas; deixei de chamar à atenção e os alunos cumpriram as tarefas; pus de parte o desejo pelo bem comum e o bem tornou-se tão comum como as pedras.»

58 Revelar-se: ser um exemplo

Se o ambiente da aprendizagem for gerido com aceitação, os alunos ficarão descontraídos e serão honestos. Se for gerido com repressão, os alunos serão difíceis e mal comportados.

Se uma professora visar o poder, quanto mais poder tiver, mais resistente serão os alunos. Tente fazer os alunos felizes e fomentará o descontentamento. Tente fazer dos alunos pessoas honestas e fomentará a decepção.

Assim, a professora sensata fica contente por ser um exemplo e não impõe o poder. Dá a sua opinião, mas não pressiona. É directa, mas flexível. É brilhante, mas não ofusca.

59 *A moderação*

Para bem aprender não há nada melhor do que a moderação. O aluno moderado fica liberto das suas ideias.

É tão aceitável como o céu, tão consistente como o nascer do sol, tão sólido como uma montanha, tão flexível como uma cana de bambu ao vento. Não tem expectativas em vista e utiliza tudo o que a vida lhe vai proporcionando ao longo do seu caminho.

Nada é impossível para o aluno moderado, porque se libertou. Preocupe-se com o seu bem-estar da mesma maneira que os pais extremosos se preocupam com os filhos.

60 *O processo natural*

Aprender é como fritar um peixe pequeno. Estragá-lo-á se espetar em demasia.

Centre a aprendizagem no Tao e as dificuldades não terão poder. Tal não significa que as dificuldades deixarão de existir; você é que será capaz de se afastar delas. Não dê às dificuldades motivos de confronto e desaparecerão por elas próprias.

61 *A humildade*

Quando uma professora cria um grande poder, fica como um oceano: afluentes e rios vão desaguar nele.

Quanto mais poderosa for uma professora, maior será a necessidade de humildade. Ser humilde significa confiar no Tao e não precisar de ser defensivo.

Uma grande escola é como uma grande pessoa: quando erra, tem consciência disso; quando se consciencializa disso, corrige o erro. Considera aquelas pessoas que lhe dão respostas como os professores mais importantes. Tem a própria sombra como inimigo.

Se a sala de aulas estiver concentrada no Tao, se educar os alunos sem se intrometer nos assuntos das outras salas, será um modelo para o resto da escola.

62 *Errar*

O Tao está no coração da aprendizagem. É a riqueza do bom aluno e o refúgio do mau aluno.

Os prémios podem ser ganhos com elogios. O respeito pode ser ganho através de um trabalho notável. Mas o Tao ultrapassa a riqueza, o elogio e o trabalho; ninguém consegue alcançá-lo.

Assim, sempre que chegar um novo aluno, não se disponha a ajudá-lo com a sua riqueza ou com as suas aptidões. Em vez disso, disponha-se a ensinar-lhe o Tao da aprendizagem.

Por que razão os antigos professores valorizavam o Tao? Quando uma professora está de acordo com o Tao, encontra sempre aquilo que procura; quando erra, aprende e é perdoada. É por isso que o Tao da aprendizagem é valorizado.

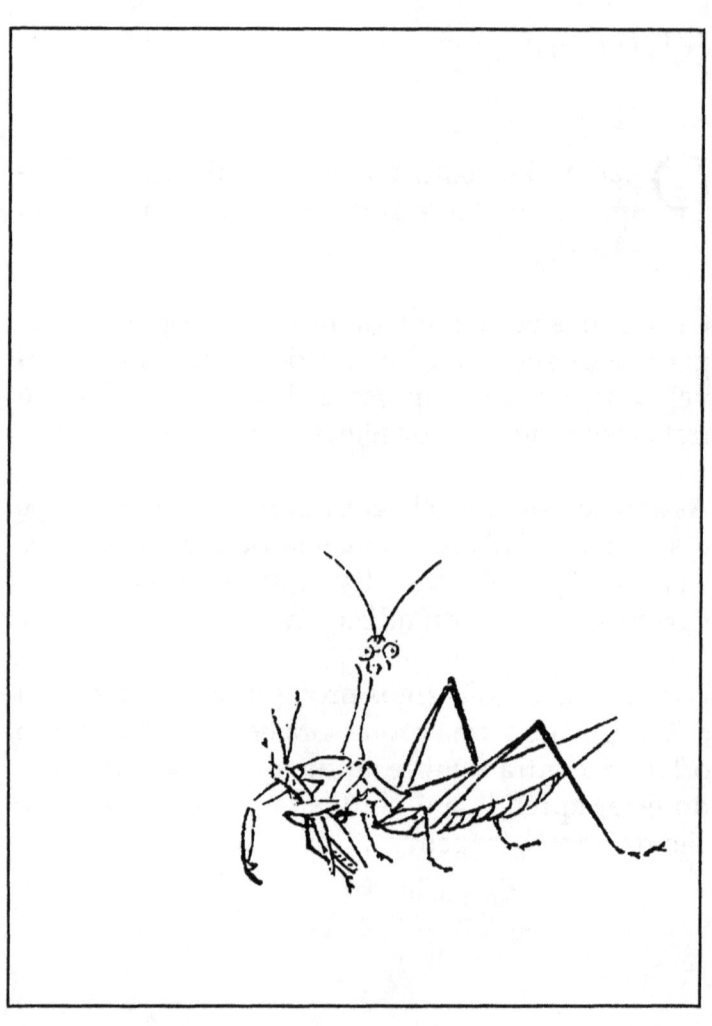

63 *Arriscar*

Aprenda sendo, trabalhe sem esforço. Considere o pequeno para ser grande e o pouco para ter muito. Confronte os desafios enquanto podem ser controlados. Complete o todo através de um número de pequenos actos.

O bom aluno não se esforça para alcançar a perfeição, por isso, alcança-a. Quando se depara com um obstáculo, pára e aceita-o. Não tem medo de arriscar; consequentemente não há nada a temer.

64 *Os ciclos da vida*

Tudo o que tem raízes é fácil de educar. Tudo o que é novo é fácil de mudar. Tudo o que é duro é fácil de quebrar. Tudo o que é pequeno é fácil de dispersar. Evite as dificuldades antes que surjam. Ponha as coisas em ordem antes de serem criadas.

A sequóia gigante cresceu de um rebento pequeno; a viagem de 10 mil quilómetros iniciou-se com um passo. Não se apresse a agir, pois poderá falhar. Não se prenda às coisas, senão perde-as. Não apresse a concretização dos projectos, pois destruirá todas as possibilidades.

A professora sensata ensina deixando que as coisas aconteçam. Está tão calma no início como está no fim. Não tem nada; logo, nada tem a perder. O que ela quer é não querer nada. Aprende a desaprender. Procura ensinar aos alunos o dom da humanidade. Preocupa-se com o Tao da aprendizagem; consequentemente, preocupa-se com todas as coisas.

65 O não-saber: teoria e prática

Os antigos professores não tentavam educar os alunos, mas ensinavam-lhes gentilmente a não saber.

Os alunos que pensam saber as respostas são difíceis de ensinar. Quando souberem que não sabem, encontrarão os respectivos caminhos.

Se quiser aprender como aprender, evite ser arrogante ou altivo. O caminho mais simples é o mais evidente. Se estiver satisfeito com uma vida normal, ensine-se a si próprio o caminho para a sua verdadeira natureza.

66 *Ensinar do fundo da sala de aulas*

Toda a água vai desaguar no oceano, porque este encontra-se num nível mais baixo do que os ribeiros e os rios. É a humildade que dá ao oceano o seu poder.

Se quiser ensinar outras pessoas, deverá colocar--se numa posição inferior à delas. Se quiser comandar, deverá aprender a seguir.

A professora sensata está acima dos alunos e estes não se sentem oprimidos. Orienta-os e eles não se sentem manipulados. Apreciam-na. Uma vez que não compete com o desempenho dos alunos no ambiente da aprendizagem, estes não competem com ela. Ela pode ensinar do fundo da sala de aulas.

67 Qualidades para uma aprendizagem: simplicidade, paciência e compaixão

Há quem diga que o Tao da aprendizagem é um absurdo. Outros qualificam-no de idealista e de utópico. Os que procuram conhecer-se a si mesmos dizem que este disparate até tem lógica. Aqueles que praticam o Tao da aprendizagem sabem o que são grandes ideais.

Aprender requer apenas três qualidades: simplicidade, paciência e compaixão. Estas três qualidades são a expressão máxima dos dons.

Seja simples quando aprender e pensar e regressará à sua fonte de existência. Seja paciente com os amigos e com os inimigos e terá conhecimento das coisas. Tenha compaixão de si e fará as pazes com o mundo.

68 *A cooperação/colaboração*

A melhor professora quer que todas as professoras ensinem bem. O melhor líder pode juntar-se aos seguidores. O melhor guia serve as pessoas que se encontram em viagem. O melhor aluno trabalha com os outros alunos no seu ambiente de aprendizagem.

Todos aceitam o valor da cooperação e da colaboração. Mas tal não significa que não apreciem a competição; trabalham é com base num espírito de brincadeira. Deste modo, tornam-se crianças e estão em harmonia com o Tao.

69 O respeito

As professoras experientes dizem: «É preferível esperar a dar um passo errado no início. É preferível dar um passo atrás a tentar ganhar uma pequena vantagem.»

A isto chama-se ir para a frente sem avançar, ganhar controlo sem ameaçar.

Não há maior erro do que não respeitar os alunos. Não respeitar os alunos significa pensar que não conseguem aprender; consequentemente, você destruirá um grande potencial e não será respeitada. Quando alunos e professoras não se respeitam, quem conseguir respeitar será bem sucedido.

70 *A sabedoria comum*

O Tao da aprendizagem é fácil de se compreender e de se pôr em prática. No entanto, a sua mente não pode alcancá-lo e, se tentar imitá-lo, não o conseguirá.

O Tao da aprendizagem é mais velho do que o tempo. Como encontrar o seu significado? Se quiser conhecer o Tao da aprendizagem olhe para dentro do coração.

71 Não fingir (cura para todos os males)

Não saber é o princípio da verdade. Fingir saber pode ser um obstáculo.

Em primeiro lugar, mentalize-se que é ignorante; depois inicie o conhecimento.

O aluno é a sua própria cura. Quando souber que não sabe, estará pronto a aprender.

72 *A inspiração*

Quando os alunos perdem o poder da imaginação, começam a procurar factos. Quando não confiam neles próprios, começam a depender daqueles que têm autoridade.

A professora sensata permanece no fundo da sala de aulas para evitar que os alunos fiquem confusos. Ensina sem dogmas, para que os alunos se inspirem e mantenham o poder da imaginação.

73 *Coragem para decidir*

O Tao da aprendizagem é descontraído. É corajoso sem competir, responde sem dizer uma única palavra, chega sem ser chamado, concretiza sem ter um plano.

O Tao visa o mundo inteiro. E, embora a sua visão seja abrangente, nada lhe passa despercebido.

74 *Avaliar*
(consequências naturais)

Se tiver consciência de que tudo muda, não haverá nada que possa controlar. Se tiver medo de falhar, não haverá nada que possa experimentar.

Tentar controlar os alunos através de notas é fazer-se passar por um deus. Quando utiliza as ferramentas de outra pessoa, você corre o risco de se magoar.

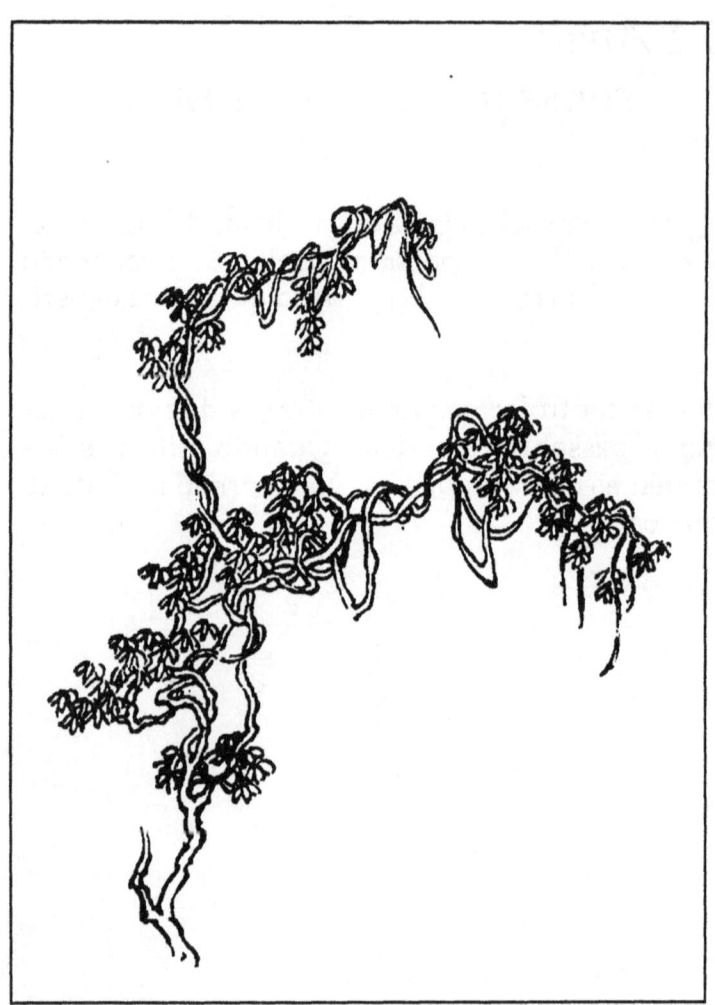

75 *Confie no ambiente da aprendizagem*

Quando as regras são muito severas, os alunos revoltam-se. Quando o ambiente é muito autoritário, os alunos perdem os seus espíritos.

Queira sempre o bem dos alunos. Confie neles; deixe-os em paz.

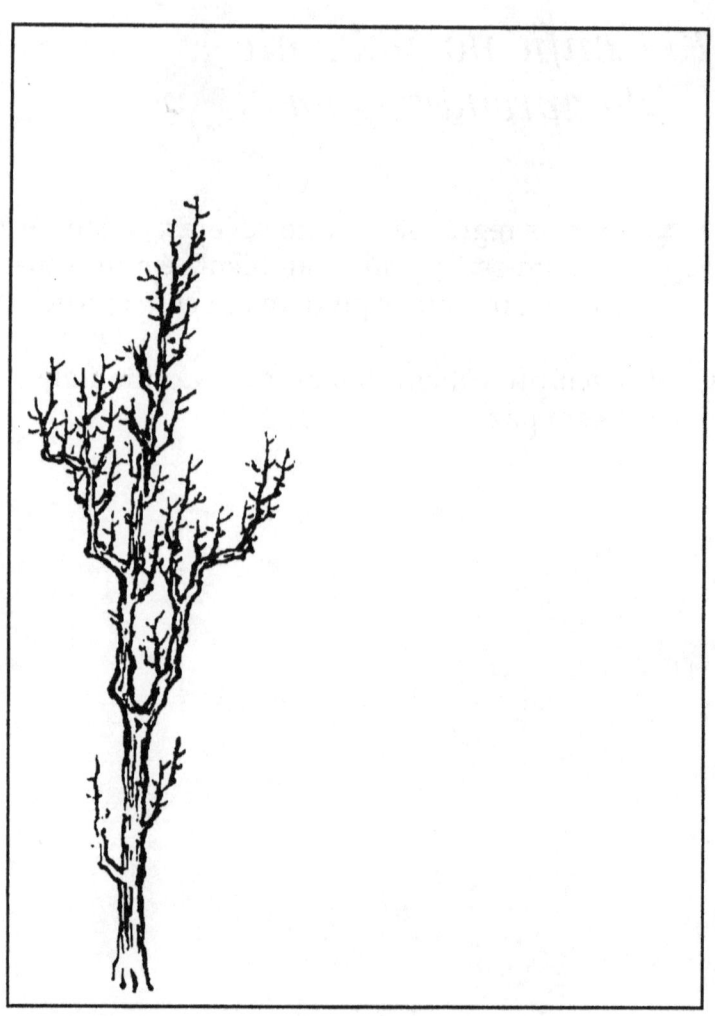

76 O frágil e o rígido

As pessoas nascem frágeis e flexíveis; quando morrem ficam rígidas e inflexíveis. As plantas desabrocham suaves e delicadas; quando morrem ficam murchas e ásperas.

Assim, quando uma professora é rígida e inflexível, é uma mensageira da morte. Quando é frágil e flexível anuncia a vida. O rígido e o inflexível quebrar-se-ão. O frágil e o flexível persistirão.

77 Nos bastidores

A professora prepara o palco onde a aprendizagem terá lugar. Não tente controlar os alunos durante o seu percurso.

A professora pode continuar a aprender, porque as possibilidades não têm fim. Ensina sem expectativas, é bem sucedida sem ter qualquer mérito e sabe que não é melhor do que os outros.

78 *Ser delicado para superar*

A água é suave e flexível; no entanto, é a sua delicadeza que supera o rígido e o inflexível.

A professora delicada supera os alunos rígidos; a professora flexível supera a classe inflexível. Embora se saiba que estes factos correspondem à verdade, só algumas pessoas os põem em prática.

A professora sensata permanece calma, mesmo quando se depara com dificuldades. No seu coração não há lugar para a raiva. Como deixou de ajudar, é a grande ajuda dos alunos.

Outro paradoxo: ser delicado é ser forte.

79 O fracasso como oportunidade

Fracassar é uma oportunidade. Se culpar outra pessoa, as acusações não terão fim.

A professora sensata desempenha o seu papel e modela as correcções dos seus erros. Faz o que tem a fazer e não exige que os outros também o façam.

80 *A liberdade (amor)*

É no amor da aprendizagem e no amor dos alunos que o Tao da aprendizagem nasce. A liberdade que existe na aprendizagem e no ensino fornece as possibilidades.

Se uma sala de aulas for bem organizada, os alunos ficarão contentes. Gostam de aprender e não perdem tempo a comportarem-se mal. Como gostam da professora não estão interessados em fugir. Como gostam de aprender, descobrem na matéria a aventura e a viagem. Apesar de poderem sair quando a compainha tocar, ficam na sala para continuarem a fazer perguntas. Estão contentes por aprender e, consequentemente, não desistem da escola.

81 *A veracidade*
(recompensas naturais)

A verdade pura e simples é suficiente; as palavras bonitas e rebuscadas são supérfluas.

A professora sensata não precisa de provar o seu ponto de vista; aqueles que o precisam não são sensatos. A professora sensata não é rica. No entanto, quanto mais ajudar os alunos, mais rica será. Quanto mais transmitir o conhecimento, maior será a recompensa.

O Tao da aprendizagem surge ao fomentar nos alunos os seus objectivos naturais. Com uma aprendizagem sem pressões, os alunos aprenderão.

www.ingramcontent.com/pod-product-compliance
Lightning Source LLC
Chambersburg PA
CBHW032258150426
43195CB00008BA/495